SENDEROS

ESTÁNDARES COMUNES

Houghton Mifflin Harcourt

Autoras del programa

Alma Flor Ada

F. Isabel Campoy

Printed in the U.S.A.

ISBN 9780544155947

4 5 6 7 8 9 10 0868 22 21 20 19 18 17 16

4500598365 A B C D E F G

Unidad 3

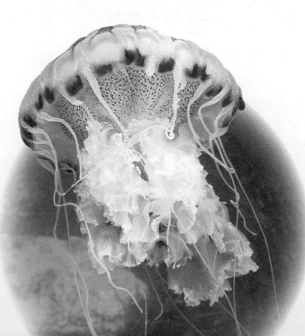

Lección

15

TEMA: Los animales

¡Hola, lector!

Cada día te conviertes en un mejor lector. ¡Muy bien!

Los cuentos de este libro te llevarán al mar, a la selva y al desierto. Verás animales peludos, sigilosos, con escamas, plumas, rayas y manchas. ¡Hasta conocerás a los manatíes!

¡Prepárate para leer palabras nuevas, visitar lugares nuevos y aprender sobre el mundo que nos rodea!

Las autoras

unidad 3

11

Leamos juntos

Un hogar en el océano
por Rozanne Lanczak Williams

El agua

✓ **PALABRAS QUE QUIERO SABER**
Palabras de uso frecuente

frío

donde

azul

mar

color

habitar

pequeño

agua

Librito de vocabulario

El tiburón
por Anita Sanders

Tarjetas de contexto

frío
El agua de este océano
es muy fría.

RF.1.3g recognize and read irregularly spelled words

Aprende en línea

Palabras que quiero saber

▶ Lee cada **Tarjeta de contexto.**

▶ **Haz una oración con una de las palabras en azul.**

---

1 **frío**

El agua de este océano es muy fría.

---

2 **donde**

Los tiburones viven donde el agua es profunda.

3 azul

Hoy el agua del océano se ve azul.

4 mar

Las ballenas viven en el mar profundo.

5 color

El calamar suelta una tinta de color negro cuando está en peligro.

6 habitar

Estas aves habitan cerca del océano.

7 pequeño

Muchos peces pequeños viven en el océano.

8 agua

Algunas personas toman fotos en el agua.

Leer y comprender

Leamos juntos

Aprende en línea

✅ **DESTREZA CLAVE**

Propósito de la autora Los autores pueden escribir para hacerte reír o para darte información. La razón por la que escribe un autor se llama **propósito del autor.** En los textos informativos, el propósito del autor es dar información sobre un tema. Mientras lees, piensa qué quiere enseñarte la autora. Haz una lista con los detalles que explican el propósito de la autora.

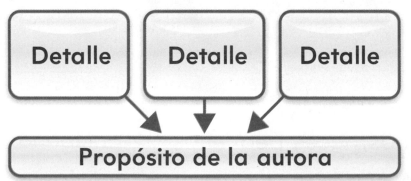

✅ **ESTRATEGIA CLAVE**

Analizar/Evaluar Di lo que opinas y cómo te sientes acerca de la lectura. Explica por qué.

Los océanos son grandes. En ellos habitan muchos tipos de plantas y animales. Algunos animales viven en el fondo del océano. Otros animales, como las ballenas, nadan lejos en el agua. Las ballenas tienen que salir a la superficie a respirar. Algunos peces viven en las profundidades del agua. Allí hace mucho frío y está oscuro. ¡Algunos de estos animales pueden incluso emitir luz!

Aprenderás mucho más sobre la vida del océano en **Un hogar en el océano.**

TEXTO PRINCIPAL

Un
hogar
en el
océano
por Rozanne Lanczak Williams

☑ DESTREZA CLAVE

Propósito de la autora
Encuentra los detalles
que usa la autora para
explicar su propósito.

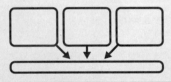

☑ GÉNERO

Un **texto informativo**
ofrece información sobre
un tema. Mientras lees,
busca:
▶ información y datos en
   las palabras,
▶ fotografías que muestren
   el mundo real,
▶ etiquetas de fotografías.

ESTÁNDARES COMUNES **RI.1.2** identify the main topic and retell key details; **RI.1.8** identify the reasons an author gives to support points; **RI.1.10** read informational texts

Aprende en línea

Conoce a la autora
Rozanne Lanczak Williams

Cuando Rozanne
Lanczak Williams
se hizo maestra,
vivía muy lejos
del océano. Aún
así, ella y sus
alumnos aprendieron mucho
acerca de la vida en el mar
a través de investigaciones
y de los hermosos murales
submarinos que hicieron. Ahora,
la Sra. William vive a once
kilómetros del océano. Para
escribir este cuento, buscó
datos divertidos sobre los peces.
Visitó un acuario muy grande,
la biblioteca, una librería, la
biblioteca de la clase de un
amigo . . . ¡y el océano!

Un hogar en el océano

por Rozanne Lanczak Williams

PREGUNTA ESENCIAL

¿Qué tipo de animales y plantas podemos encontrar en el océano?

¡El océano es grande!
Es grande y de color azul hasta donde
puedes ver.

Es el hogar de muchas plantas y
animales.

Los animales más grandes del océano son las ballenas azules. Se alimentan de animales pequeños parecidos a los camarones llamados *krill*.

krill

Muchos animales viven en las aguas frías de este inmenso mar. ¡Brrr!

pingüinos

Los pingüinos nadan muy rápido.
Agitan sus aletas y van gluc, gluc,
gluc en el agua.

Los manatíes habitan en lugares donde el agua es más tibia. No nadan rápido.

manatíes

Los manatíes comen muchas y muchas plantas y después descansan.

¡Esta tortuga nada hasta muy lejos!
Cava un hueco en la arena y ahí pone
sus huevos. Después vuelve al océano,
en donde tiene su hogar.

tortuga

huevos

alga *kelp*

Las algas *kelp* son las plantas más grandes del océano. Pueden crecer muy rápido.

nutria

¡Las algas *kelp* pueden crecer hasta dos pies en un día!

Las nutrias de mar pueden encontrar aquí mucha comida.

Muchas plantas y animales, grandes y pequeños, viven en el océano. El océano es su hogar.

Ahora analiza

Leamos juntos

Cómo analizar el texto

Usa estas páginas para aprender acerca del propósito de la autora y los detalles. Después vuelve a leer **Un hogar en el océano.**

Propósito de la autora

Los autores escriben por diferentes razones. ¿Por qué crees que la autora escribió **Un hogar en el océano**? ¿Qué tema quiere que aprendas? Puedes encontrar detalles importantes en la lectura para explicar el tema de la autora. Usa una tabla para enumerar los detalles y el propósito de la autora.

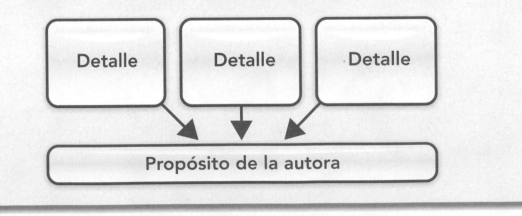

| Detalle | Detalle | Detalle |

Propósito de la autora

RI.1.2 identify the main topic and retell key details; **RI.1.8** identify the reasons an author gives to support points

ESTÁNDARES COMUNES

Aprende en línea

Detalles

Los **detalles** son datos y otros tipos de informaciones. Dan más información sobre un tema. Uno de los detalles que aprendiste en **Un hogar en el océano** es que los manatíes comen muchas plantas.

¿Qué otros detalles de esta lectura te enseñan cosas sobre la vida en el océano? Puedes encontrar detalles importantes en las palabras y en las ilustraciones.

Es tu turno

 mi Escritura genial

REPASAR LA PREGUNTA ESENCIAL

 Turnarse y comentar

¿Qué tipo de animales y plantas podemos encontrar en el océano?
Habla con un grupo pequeño de compañeros acerca de lo que has aprendido. Usa los detalles de **Un hogar en el océano** para responder y escucha a tus compañeros. Agrega tus ideas a lo que dicen los demás.

Comentar en la clase

Conversa sobre estas preguntas con tu clase.

1 Describe un animal o planta de los que has aprendido. Usa detalles para dar información.

2 ¿En qué se parecen todos los animales?

3 ¿Sobre qué animal o planta te gustaría aprender más? ¿Por qué?

ESCRIBE SOBRE LO QUE LEÍSTE

Respuesta Escribe dos datos que hayas aprendido de **Un hogar en el océano**. Busca evidencia del texto en las palabras y en las fotografías para obtener ideas. Usa tus propias palabras cuando escribas los datos.

Sugerencia para la escritura

Agrega detalles que den más información sobre tu tema.

Aprende en línea

ESTÁNDARES COMUNES

RI.1.7 use illustrations and details to describe key ideas; **RI.1.8** identify the reasons an author gives to support points; **W.1.2** write informative/explanatory texts; **SL.1.1b** build on others' talk in conversations by responding to others' comments; **SL.1.4** describe people, places, things, and events with details/express ideas and feelings clearly

TEXTO INFORMATIVO

Leamos juntos

El agua

El agua

✓ Género

Un **texto informativo** da información sobre un tema. Este es un libro de texto de ciencias.

✓ Enfoque en el texto

Un **diagrama** es un dibujo que muestra cómo funciona algo o las partes que lo forman. ¿Qué muestra el diagrama de la página 35?

¿Qué tienen en común todos los seres vivos, grandes o pequeños y de cualquier color? Necesitan agua para vivir.

El agua tiene formas diferentes. El agua que bebes es líquida. Un líquido fluye y toma la forma del recipiente en que se encuentra.

RI.1.5 know and use text features to locate facts or information; **RI.1.10** read informational texts
ESTÁNDARES COMUNES

 Aprende en línea

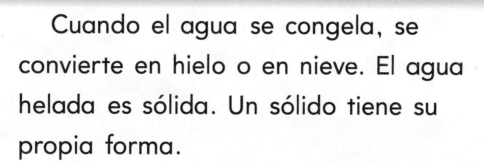

hielo

agua

nieve

Cuando el agua se congela, se convierte en hielo o en nieve. El agua helada es sólida. Un sólido tiene su propia forma.

¿Qué es el hielo? El hielo es agua congelada, dura y fría.

La nieve está formada por diminutos trozos de agua congelada que caen de las nubes. ¿Dónde cae la nieve? La nieve cae en un lugar frío.

El hielo y la nieve se encuentran en muchos lugares del mundo, como el Polo Norte. En el mar azul del Polo Norte es donde habitan animales como el oso polar. Otros animales más pequeños también viven en el agua.

Comparar el texto

Leamos
juntos

DE TEXTO A TEXTO

Comparar animales Usa evidencia del texto para comparar el oso polar con uno de los animales de **Un hogar en el océano**. ¿En qué se parecen y se diferencian estos animales?

EL TEXTO Y TÚ

Describir Busca la fotografía de tu animal favorito en una de las dos lecturas. ¿Cómo es? ¿Qué hace? Usa la fotografía para describirlo.

EL TEXTO Y EL MUNDO

Usar un globo terráqueo Usa un globo terráqueo para hallar dos océanos distintos. Haz dibujos de animales marinos que creas que podrían vivir en cada uno.

cangrejo

tortuga

pez

Aprende en línea

ESTÁNDARES COMUNES · **RI.1.3** describe the connection between individuals, events, ideas, or information in a text; **RI.1.7** use illustrations and details to describe key ideas; **RI.1.9** identify similarities in and differences between texts on the same topic; **SL.1.4** describe people, places, things, and events with details/express ideas and feelings clearly; **SL.1.5** add drawings or visual displays to descriptions to clarify ideas, thoughts, and feelings

Gramática

Sustantivos propios Un sustantivo que nombra a una persona, animal, lugar o cosa en particular se llama **sustantivo propio**. Los sustantivos propios comienzan con letra mayúscula.

Parque Acuático

Andre

Jesús Díaz

Flipper

Los **títulos** que se usan delante del nombre también comienza con mayúscula. El título termina con un punto.

Sr. Acosta   **Sra.** Sims   **Srta.** López

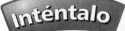**Inténtalo**

Escribe cada oración en una hoja aparte. Busca los sustantivos propios. Usa letra mayúscula y el punto donde corresponda.

1. Mi familia se fue a florida.

2. Conducimos por la calle beach.

3. Conocimos a la sra bell.

4. Subí al empire state.

5. Ayer comí en burger king.

6. Su perro se llama skippy.

La gramática al escribir

Cuando revises tu escrito, asegúrate de que usaste letra mayúscula para escribir los sustantivos propios.

ESTÁNDARES COMUNES **W.1.2** write informative/explanatory texts; **W.1.5** focus on a topic, respond to questions/suggestions from peers, and add details to strengthen writing; **L.1.1j** produce and expand simple and compound declarative, interrogative, imperative, and exclamatory sentences

Escritura informativa

✓ **Fluidez de las oraciones** A veces escribes **oraciones** que le dan datos al lector. Existe una clase de datos que indica cómo suceden las cosas.

Leamos juntos

mi **Escritura genial**

Aprende en línea

Joy escribió sobre los leones marinos. Después agregó **fuerte** para describir cómo gruñen.

Borrador revisado

Los leones marinos gruñen ~~fuerte.~~ ∧

Lista de control de la escritura

✓ **Fluidez de las oraciones** ¿Tienen mis oraciones palabras que indiquen **cómo**?

✓ ¿Lo que escribí da algún dato?

✓ ¿Usé las mayúsculas correctamente?

Busca las palabras que dicen **cómo** en la versión final de Joy. Busca hechos. Después revisa lo que escribiste usando la lista de control de la escritura.

Versión final

Los leones marinos

Los leones marinos hacen cosas sorprendentes. Los leones marinos pueden gruñir fuerte. Usan sus aletas para moverse rápidamente en la tierra o en el agua.

Las manchas del leopardo
Gerald McDermott

La selva tropical

✓ **PALABRAS QUE QUIERO SABER**
palabras de uso frecuente

sol
feliz
son
claro
pintar
luego
tengo
bailan

Librito de vocabulario

Tarjetas de contexto

Aprende en línea

Palabras que quiero saber

▶ **Lee cada** Tarjeta de **contexto.**

▶ **Describe una foto usando una de las palabras en azul.**

1 **sol**

Las hienas viven bajo el fuerte sol de África.

2 **feliz**

La cría de la cebra se siente feliz de estar con su mamá.

3 son

Algunas serpientes son muy largas.

4 claro

El águila vuela bajo un cielo claro.

5 pintar

¿Puedes pintar un rinoceronte como este?

6 luego

El leopardo mira desde el árbol y luego sale a cazar.

7 tengo

Tengo de mascota a una tortuga rayada.

8 bailan

Parece que las jirafas bailan cuando corren.

Las manchas del leopardo
Gerald McDermott

Leer y comprender

☑ **DESTREZA CLAVE**

Secuencia de sucesos La mayoría de los sucesos de un cuento aparecen en un orden cronológico. Este orden se llama **secuencia de sucesos.** Los buenos lectores piensan en lo que pasa **primero**, **a continuación** y **por último** para que el cuento tenga sentido. Puedes describir la secuencia de sucesos en un organigrama como este.

Primero

A continuación

Por último

☑ **ESTRATEGIA CLAVE**

Preguntar Hazte preguntas a ti mismo mientras lees. Encuentra evidencia del texto para responder.

RL.1.1 ask and answer questions about key details; **RL.1.3** describe characters, settings, and major events

ESTÁNDARES COMUNES

Animales de la selva

Muchos animales viven en la selva. Los monos se columpian en las ramas. Las ranas y las serpientes se esconden en los arbustos. Los pájaros vuelan entre los árboles. ¿Cuál es tu animal de la selva favorito? Aprenderás sobre los animales de la selva en **Las manchas del leopardo.**

TEXTO PRINCIPAL

Las manchas del leopardo

Gerald McDermott

✓ DESTREZA CLAVE

Secuencia de sucesos
Di en qué orden suceden los hechos.

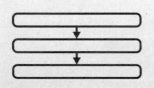

✓ GÉNERO

Un **cuento popular** es un cuento que las personas han contado durante muchos años. Mientras lees, busca:
► una lección sobre la vida,
► animales que aparezcan en otros cuentos que conozcas.

 ESTÁNDARES COMUNES **RL.1.2** retell stories and demonstrate understanding of the message or lesson; **RL.1.3** describe characters, settings, and major events; **RL.1.10** read prose and poetry

Conoce al autor e ilustrador

Gerald McDermott

Cuando tenía cuatro años, Gerald McDermott comenzó a tomar clases de arte en un museo. Pasaba los sábados en el museo dibujando, pintando y viendo las obras de arte. Su libro **Flecha al Sol** ganó la medalla Caldecott por mejor ilustración.

Las manchas del leopardo

Escrito e ilustrado por Gerald McDermott

PREGUNTA ESENCIAL

¿En qué se diferencian los animales de la selva de los animales de una granja?

¿Sabes por qué el
leopardo tiene manchas?

Wama, la tortuga mexicana, jugaba a la pelota con la hiena Kike. Pero Kike la engañó.

Wama se sintió muy triste
y se cayó en la maleza.
—¡Socorro, socorro!
—gritó—. ¡Estoy aquí!

El leopardo Leo
corre a ayudar.

¡Zas! ¡Zas! ¡Zas!
Leo libera a Wama de la
maleza.

Wama y Leo bailan bajo el sol.
—¡Qué divertido es! —dijo Leo.

—¡Soy muy feliz! —dijo Wama—.
Y cuando estoy feliz, me da por
pintar.

Wama se pone a pintar.
Pintó rayas negras a la cebra
Sonia.

Luego pintó a Mawa, la jirafa.
—¡Mírame, ahora tengo manchas
de color café! —dijo Mawa.

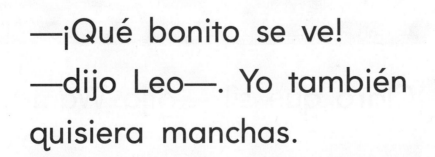

—¡Qué bonito se ve!
—dijo Leo—. Yo también
quisiera manchas.

—¡Claro que sí! —dijo Wama.

Ahora Leo está muy
feliz con sus manchas.

Leo, Sonia y Mawa admiran
sus manchas.

—¡Yo también quiero
manchas! —dijo Kike.

Pero Wama engaña a Kike y
lo pinta muy mal. Kike grita
y se va rapidísimo.

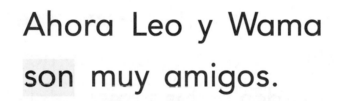

Ahora Leo y Wama
son muy amigos.

Ahora analiza

Leamos juntos

Cómo analizar el texto

Usa estas páginas para aprender más acerca de la secuencia de sucesos y la lección del cuento. Después vuelve a leer **Las manchas del leopardo.**

Secuencia de sucesos

En **Las manchas del leopardo,** la tortuga Wama ayuda al leopardo Leo a conseguir sus manchas. Piensa sobre los sucesos importantes del cuento. ¿Qué ocurre **primero, a continuación** y **por último**? Este orden se llama **secuencia de sucesos.** Usa un organigrama como este para describir el orden de los sucesos del cuento.

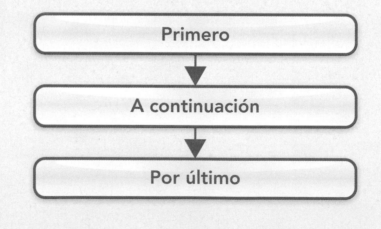

Primero

↓

A continuación

↓

Por último

RL.1.2 retell stories and demonstrate understanding of the message or lesson; **RL.1.3** describe characters, settings, and major events

ESTÁNDARES COMUNES

Aprende en línea

Lección del cuento

Las manchas del leopardo es un cuento popular. La gente ha contado esta historia durante muchos años antes de que se haya escrito. A veces, los cuentos populares enseñan una lección. ¿Qué lección aprendiste de la hiena Kike?

Los cuentos populares también pueden explicar por qué las cosas son así. Piensa en las manchas del leopardo Leo. ¿Qué trata de explicar este cuento popular?

Es tu turno

REPASAR LA PREGUNTA ESENCIAL

 **Turnarse y comentar**

¿En qué se diferencian los animales de la selva de los animales de una granja? Usa las palabras y los dibujos del cuento para describir los animales de la selva. Luego dibuja un animal de la selva y un animal de granja. Expliquen por turnos en qué se diferencian estos animales.

💬 Comentar en la clase

Ahora, conversa sobre estas preguntas con tu clase.

1 ¿Cómo ayuda el leopardo Leo a la tortuga Wama?

2 ¿Por qué Wama pinta mal a Kike?

3 ¿Qué crees que pasará la próxima vez que Kike vea a los demás animales?

ESCRIBE SOBRE LO QUE LEÍSTE

Respuesta Escribe el cuento como lo contaría la hiena Kike. Escribe oraciones para decir lo que ocurre al comienzo, durante el desarrollo y al final del cuento.

Primero

↘

A continuación

↘

Por último

Sugerencia para la escritura

Agrega palabras como **primero, a continuación**, y **por último** para contar los sucesos en orden.

ESTÁNDARES COMUNES **RL.1.1** ask and answer questions about key details; **RL.1.2** retell stories and demonstrate understanding of the message or lesson; **RL.1.7** use illustrations and details to describe characters, setting, or events; **W.1.3** write narratives; **SL.1.1a** follow rules for discussions

Leamos juntos

☑ **GÉNERO**

Un **texto informativo** da datos sobre un tema. Este es un libro de texto de ciencias. ¿Qué datos nos dan las palabras? ¿Qué muestran las ilustraciones?

☑ **ENFOQUE EN EL TEXTO**

Un **mapa** es un dibujo de una ciudad, un estado, un país o el mundo. La **clave** de un mapa da más información sobre lo que se muestra en el mapa. ¿Qué puedes aprender del mapa de la página 70?

RI.1.5 know and use text features to locate facts or information; **RI.1.10** read informational texts

ESTÁNDARES COMUNES

La selva tropical

La selva tropical es un lugar muy húmedo. Tiene cuatro capas. En cada capa viven diferentes animales.

Capa emergente Esta capa está formada por los árboles más altos de la selva. Son habitantes de esta capa las águilas, los murciélagos y los monos que bailan por las ramas.

Dosel Las ramas y hojas de esta capa atrapan casi toda la luz del sol. Luego, no llega fácilmente a las capas de abajo. Aquí viven serpientes, ranas arbóreas y tucanes.

Sotobosque Esta capa es oscura porque tiene poco sol. Viven jaguares, perezosos y muchos insectos.

Aprende en línea

perezoso

águila

mono

tucán

jaguar

tapir

Suelo de la selva En esta capa casi nunca llega el sol. En el suelo viven tapires, escarabajos y termitas. También viven hormigas y osos hormigueros gigantes. Tengo entendido que un oso hormiguero se come, feliz, hasta treinta mil insectos ¡en un solo día!

AMÉRICA DEL NORTE

EUROPA

ASIA

ÁFRICA

Ecuador

AMÉRICA DEL SUR

AUSTRALIA

Clave

Selva tropical

ANTÁRTIDA

Este mapa te muestra dónde están las selvas tropicales del mundo. ¡Claro que puedes copiar y pintar el mapa en otra hoja de papel!

Comparar el texto

Leamos juntos

DE TEXTO A TEXTO

Comparar entornos Piensa en las dos lecturas. Di en qué se parecen y en qué se diferencian sus entornos. Haz una tabla.

Semejanzas | Diferencias

EL TEXTO Y TÚ

Escribir un cuento ¿Qué significa **había una vez?** Escribe un cuento sobre un animal que puedas ver cerca de tu casa. Comienza tu cuento con **había una vez.**

EL TEXTO Y EL MUNDO

Hacer un mapa Imagina que vas a visitar una selva tropical. Dibuja un mapa que muestre adónde irás. Explica los símbolos que uses en tu mapa.

Aprende en línea

ESTÁNDARES COMUNES **RL.1.3** describe characters, settings, and major events; **RI.1.3** describe the connection between individuals, events, ideas, or information in a text; **RI.1.5** know and use text features to locate facts or information; **W.1.3** write narratives; **L.1.6** use words and phrases acquired through conversations, reading and being read to, and responding to texts

Gramática

Mandatos Una oración que le dice a alguien que haga algo es un **mandato**. Por lo general, los mandatos terminan con punto. También pueden ir entre signos de exclamación si se dice con mucho entusiasmo.

Mandatos
Recoge ese lápiz.
Dibújale rayas a la cebra.
¡Ayuda a la tortuga ahora mismo!
¡Salven la selva tropical!

Lee estas oraciones. Determina cuáles son mandatos. Escribe cada mandato en una hoja aparte. Luego lee los mandatos a un compañero para revisarlos.

1. Pinta más manchas en la jirafa.

2. ¿Le gustan las manchas al leopardo?

3. No te muevas mientras pintas.

4. Esas pinturas son nuevas.

5. ¡No toques la pintura húmeda!

La gramática al escribir

Cuando revises tu escrito, asegúrate de que escribiste los mandatos correctamente.

Escritura informativa

☑ **Fluidez de las oraciones** En las buenas **instrucciones**, las oraciones indican los pasos en orden. Las palabras que indican orden hacen que seguir los pasos sea más fácil.

Akil hizo un borrador de una carta con instrucciones para su amiga Pam. Después, agregó las palabras **Por último**, que indican orden.

Leamos juntos

mi **Escritura genial**

Aprende en línea

Borrador revisado

Por último,
4. Colorea puntos marrones.

Lista de control de la escritura

☑ **Fluidez de las oraciones** ¿Tienen mis instrucciones palabras que indican orden?

☑ ¿Puse los pasos en orden?

☑ ¿Puse un saludo y un cierre en mi carta?

74

Revisa lo que escribiste usando la lista de control de la escritura. ¡Trata de seguir las instrucciones de la versión final de Akil para hacer un títere!

Versión final

Querida Pam:

Hice un títere que es un leopardo. Tú también puedes hacer uno así:

1. Primero, consigue una bolsa de papel pequeña.
2. Después dobla los lados de la solapa.
3. A continuación, pégale orejas, ojos, una nariz y bigotes.
4. Por último, colorea puntos marrones.

Espero que te diviertas haciendo tu títere.

Tu amigo,

Akil

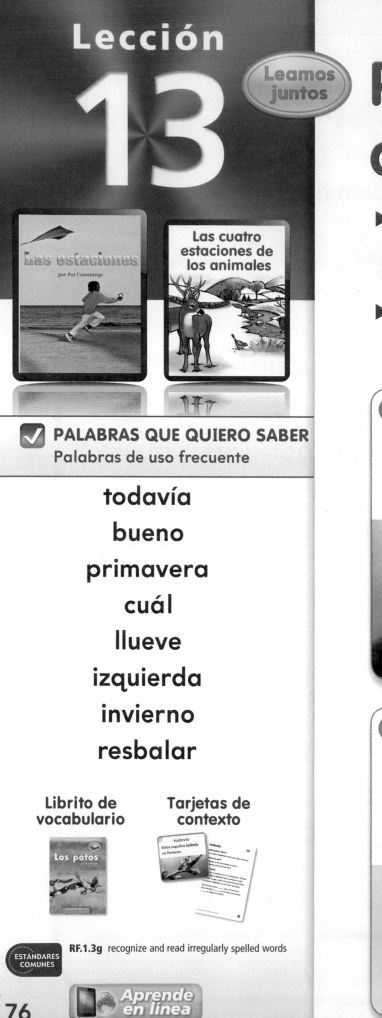

Lección
13

Leamos juntos

Las estaciones
por Pat Cummings

Las cuatro estaciones de los animales

☑ **PALABRAS QUE QUIERO SABER**
Palabras de uso frecuente

todavía
bueno
primavera
cuál
llueve
izquierda
invierno
resbalar

Librito de vocabulario

Los patos

Tarjetas de contexto

ESTÁNDARES COMUNES

RF.1.3g recognize and read irregularly spelled words

Aprende en línea

76

Palabras que quiero saber

▶ Lee cada **Tarjeta de contexto**.

▶ Elige dos de las palabras en azul. Haz oraciones con ellas.

1 todavía

Estos capullos todavía no florecen.

2 bueno

Las botas son buenas para la lluvia.

3 primavera

En primavera florecen flores de todos los colores.

4 cuál

¿Cuál de tus amigas tiene la sonrisa más linda?

5 llueve

En otoño a veces llueve y las hojas cambian de color.

6 izquierda

Su salón de clases está a la izquierda al final del pasillo.

7 invierno

El invierno es frío pero también es hermoso.

8 resbalar

La niña lleva sus patines para resbalar en el hielo.

Leer y comprender

Leamos juntos

Aprende en línea

☑ DESTREZA CLAVE

Causa y efecto A veces, un suceso **causa,** o hace que ocurra, otra cosa. El primer suceso es la **causa.** Es la razón por la que ocurre el segundo suceso. Lo que pasa después es el **efecto.** Mientras lees, piensa en qué ocurre y por qué. Puedes usar una tabla como esta para indicar la conexión entre los sucesos.

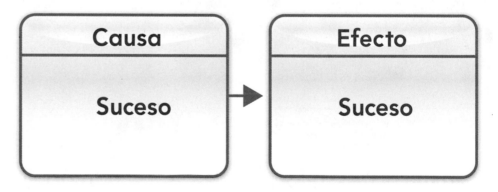

Causa	Efecto
Suceso	Suceso

☑ ESTRATEGIA CLAVE

Visualizar Para entender una lectura, imagínate lo que está sucediendo a medida que leas.

ESTÁNDARES COMUNES **RI.1.3** describe the connection between individuals, events, ideas, or information in a text

Las estaciones

Hay cuatro estaciones. En invierno hace frío. En algunos lugares nieva. Después suben las temperaturas y la nieve se derrite. Llega la primavera. En primavera las plantas empiezan a crecer. A continuación viene el verano y hace más calor. Más tarde, en otoño, las hojas cambian de color. En otoño el tiempo es fresco. Después del otoño, llega de nuevo el invierno.

Leerás más sobre los cambios meteorológicos que se producen cada año en **Las estaciones**.

TEXTO PRINCIPAL

Las estaciones
por Pat Cummings

☑ DESTREZA CLAVE

Causa y efecto Explica qué sucede y por qué.

☑ GÉNERO

Un **texto informativo** da información sobre un tema. Mientras lees, busca:

▶ información y datos en las palabras,

▶ fotografías que muestren el mundo real.

RI.1.3 describe the connection between individuals, events, ideas, or information in a text; **RI.1.4** ask and answer questions to determine or clarify the meaning of words and phrases; **RI.1.10** read informational texts

Conoce a la autora
Pat Cummings

A Pat Cummings le gusta mucho recibir cartas de los niños que han leído sus libros. Algunas veces también le mandan otras cosas, como camisetas, tazas, dibujos e incluso trabajos de ciencias. **Clean Your Room, Harvey Moon!** (¡Limpia tu cuarto, Harvey Moon!) es uno de los muchos libros que ha escrito.

Las estaciones

escrito por Pat Cummings

PREGUNTA ESENCIAL

¿Qué cambios producen las estaciones?

Primavera

¡Llegó la primavera!
En la primavera,
todo está verde
en la pradera.

Ya amaneció y los
pajaritos cantan
divertidos.
¡Es primavera!

Llueve y la hierba se moja.

¡Plic! ¡Ploc! ¡Plic!

Tápate con un paraguas.

¡Cuidado que el agua resbala!

Verano

El verano llegó
y hace calor.
La escuela terminó.
¡Son las vacaciones!

Una abeja va zzzzzzzz
de girasol en girasol.
¡Qué alto es el girasol!
Intenta llegar al sol.

El verano ya se acaba
y a la escuela otra vez
tenemos que ir.
¡Nos vamos a divertir!

Otoño

En el otoño,
las hojas tienen otro color.
Todavía no hace frío,
pero tampoco calor.

Las hojas crujen.
¡Crash! ¡Crash! ¡Crash!
¡Nos divertimos! No
podemos parar.

La ardilla orgullosa
se come una bellota.
No será la última.

Invierno

En el invierno el viento
frío sopla, sss sss.
Se debe estar tapado,
¡y muy abrigado!

Es muy importante
estar calentito.
Por eso este animal
se mete en su nidito.

Ponle guantes al muñeco:
uno en la mano izquierda,
otro en la derecha y un
gorro en la cabeza.

Invierno

Primavera

Verano

Invierno, primavera,
verano, otoño.
¿Cuál es mejor?
Todas tienen algo bueno.

Otoño

Ahora analiza

Leamos juntos

Cómo analizar el texto

Usa estas páginas para aprender acerca de causa y efecto, y sobre las onomatopeyas. Después vuelve a leer **Las estaciones**.

Causa y efecto

En **Las estaciones**, muchos sucesos hacen que ocurran otros sucesos. El primer suceso es la **causa.** Es la razón por la que ocurre el segundo suceso. Lo que pasa después es el **efecto**. En **Las estaciones**, has leído que en invierno hace frío. ¿Qué ocurre con algunos animales a causa del frío? Usa una tabla para indicar qué ocurre y por qué.

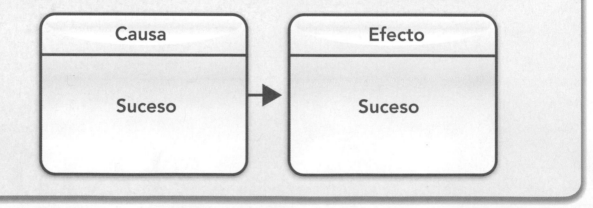

Causa		Efecto
Suceso	→	Suceso

ESTÁNDARES COMUNES

RI.1.3 describe the connection between individuals, events, ideas, or information in a text; **RI.1.4** ask and answer questions to determine or clarify the meaning of words and phrases

Aprende en línea

Las onomatopeyas

Los autores pueden utilizar palabras que suenen como sonidos reales. En la sección sobre la primavera, el autor usa las palabras **¡Plic! ¡Ploc! ¡Plic**! Estas palabras describen el sonido de la lluvia.

Busca otras palabras que indiquen sonidos en **Las estaciones**. Pregúntate qué significan estas palabras y qué describen. Usa las demás palabras y oraciones para responder. ¿Te ayudan las onomatopeyas a descubrir cómo son las cosas en la realidad?

Es tu turno

 mi Escritura genial

REPASAR LA PREGUNTA ESENCIAL

Turnarse y comentar

¿Qué cambios producen las estaciones? Habla con un compañero acerca del motivo de los cambios de cada estación. Después busca evidencia del texto para explicar tu respuesta. Hablen por turnos.

💬 Comentar en la clase

Conversa sobre estas preguntas con tu clase.

1. ¿Qué hacen los animales en las diferentes estaciones?

2. ¿En qué cambian las plantas de primavera a verano y a otoño?

3. Di cómo son las estaciones en donde vives.

ESCRIBE SOBRE LO QUE LEÍSTE

Respuesta Escribe acerca de tu estación favorita. Primero, indica cuál es tu tema. Después, indica los motivos por los que te gusta esa estación. Usa evidencia de **Las estaciones** para obtener ideas. Escribe una oración final.

Primavera

Verano

Otoño

Invierno

Sugerencia para la escritura

En una oración final, puedes expresar de nuevo tu opinión con palabras diferentes.

ESTÁNDARES COMUNES

RI.1.1 ask and answer questions about key details; **RI.1.3** describe the connection between individuals, events, ideas, or information in a text; **W.1.1** write opinion pieces; **SL.1.1a** follow rules for discussions

TEXTO INFORMATIVO

Leamos juntos

Las cuatro estaciones de los animales

✓ GÉNERO

Un **texto informativo** da datos sobre un tema. Busca los sucesos que les ocurren a las plantas y los animales durante las estaciones.

✓ ENFOQUE EN EL TEXTO

Los **encabezamientos** son los títulos de las diferentes partes de un texto informativo. Indican el tema que se va a tratar en cada sección. ¿Qué te dicen los encabezamientos de esta lectura?

ESTÁNDARES COMUNES **RI.1.5** know and use text features to locate facts or information; **RI.1.10** read informational texts

Las cuatro estaciones de los animales

escrito e ilustrado por
Ashley Wolff

Aprende en línea

Primavera

Es primavera. Los animalitos corren y juegan.

Los nidos de los pájaros están llenos de huevos.

Pronto los pajaritos romperán el cascarón.

En primavera llueve mucho. La hierba se
vuelve verde y crece. En los árboles y las
plantas brotan renuevos. En primavera
también se forman charcos de lluvia. Los
capullos de las flores se mojan. La lluvia
ayuda a que las plantas nuevas crezcan.

Verano

Es verano. Los capullos se abren y las flores florecen bajo el sol brillante. Los insectos revolotean por aquí y por allá. En los nidos de los pájaros ahora hay pajarillos. Su mamá les enseñará a volar.

En verano puede hacer mucho calor. Muchos
animales viven cerca del estanque. Los patos
nadan en el estanque. Las crías de las zorras
se refrescan bajo la sombra.

Otoño

Es otoño. Las hojas de los árboles se caen.

Los animales se preparan para el invierno.

Algunos animales comen todo lo que pueden.

Necesitan almacenar grasa porque la

comida es escasa en invierno.

Las ardillas recogen frutos secos para
alimentarse durante todo el invierno.

Invierno

Es invierno. En invierno puede hacer mucho frío y llover mucho. Los osos hibernan durante el invierno. Esto significa que duermen.

Muchos otros animales hibernan durante
el invierno. Se acurrucan en sus guaridas
para resguardarse del frío y la lluvia.

Al igual que las demás estaciones,
el invierno también se acaba. Los
animales saben que la primavera
llegará otra vez.

Comparar el texto

DE TEXTO A TEXTO

Ilustraciones	Sucesos	Descripciones

Hacer una tabla ¿En qué se parecen y en qué se diferencian estas lecturas? Haz una tabla para mostrar evidencia.

EL TEXTO Y TÚ

Describir una estación Describe tu estación favorita. Di por qué te gusta. Usa detalles para aclarar tus ideas y sentimientos.

EL TEXTO Y EL MUNDO

Hablar de las estaciones Busca tu estado en un globo terráqueo. Después busca un país. Indica en qué crees que se parecen y diferencian las estaciones de ambos lugares.

Aprende en línea

ESTÁNDARES COMUNES **RI.1.3** describe the connection between individuals, events, ideas, or information in a text; **RI.1.9** identify similarities in and differences between texts on the same topic; **SL.1.4** describe people, places, things, and events with details/express ideas and feelings clearly

Gramática

Sujetos y verbos En una oración, el sujeto y el verbo deben concordar. Ambos deben hablar del mismo número de personas o cosas. Muchos **verbos** terminan en **-a** si el **sustantivo** nombra una persona o cosa y en **-an** si nombra varias.

Uno	Más de uno
Un **niño arrastra** su trineo.	Dos **niñas arrastran** a su perro.
Brett se **desliza** por la colina.	Los **niños** se **deslizan** en el estanque.

Elige el verbo que complete cada oración correctamente. Túrnate para leer una oración en voz alta con un compañero. Después di por qué elegiste ese verbo.

1. Los pájaros _____?_____ en la primavera.   canta/cantan

2. Las flores _____?_____ en el jardín.
   crece/crecen

3. Un insecto _____?_____ en la noche.
   zumba/zumban

4. Ahora el sol _____?_____ en el cielo.
   brilla/brillan

5. El equipo _____?_____ en la piscina.
   nada/nadan

La gramática al escribir

Cuando revises tu escrito, asegúrate de que el sustantivo concuerda con el verbo.

W.1.2 write informative/explanatory texts; **W.1.5** focus on a topic, respond to questions/suggestions from peers, and add details to strengthen writing; **L.1.1c** use singular and plural nouns with matching verbs in sentences

Escritura informativa

✓ **Ideas** Cuando escribas **oraciones** que incluyan hechos, asegúrate de que todas tus oraciones se relacionen con la idea principal.

Kyle escribió sobre el invierno. Luego quitó una oración que no tenía relación.

Leamos juntos

mi **Escritura genial**

Aprende en línea

Borrador revisado

El invierno es la estación más fría. A veces aquí cae nieve. ~~Tengo un perro~~

Lista de control de la escritura

✓ **Ideas** ¿Todas mis oraciones tratan acerca de la idea principal? ¿Los detalles cuentan hechos?

✓ ¿Escribí el verbo correcto para cada sustantivo?

✓ ¿Escribí una oración final correcta?

Busca la oración con la idea principal en la versión final de Kyle. Después revisa lo que escribiste usando la lista de control de la escritura.

Versión final

Una estación fría

El invierno es la estación más fría.

A veces aquí cae nieve.

Vamos a montar en trineo.

El lago se congela.

La gente patina sobre el lago.

El invierno es frío, pero aún así puedes salir a jugar.

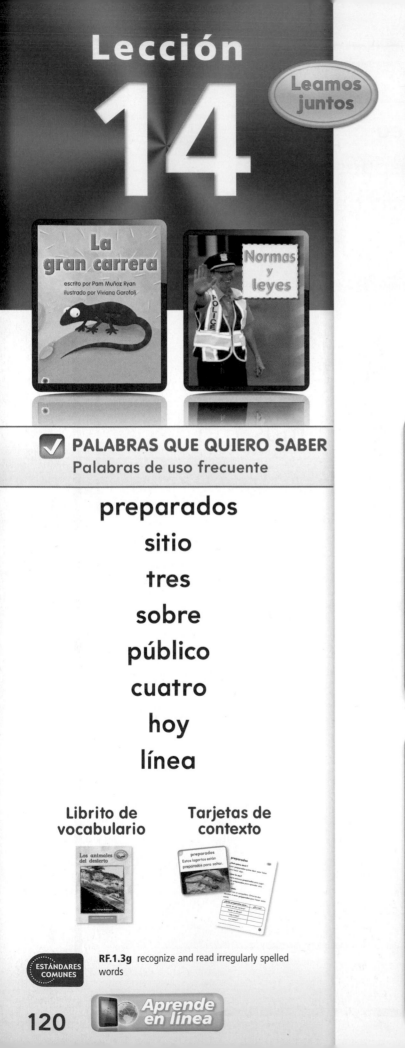

La gran carrera
escrito por Pam Muñoz Ryan
ilustrado por Viviana Garofoli

Normas y leyes

✓ **PALABRAS QUE QUIERO SABER**
Palabras de uso frecuente

preparados

sitio

tres

sobre

público

cuatro

hoy

línea

Librito de vocabulario

Los animales del desierto

Tarjetas de contexto

ESTÁNDARES COMUNES

RF.1.3g recognize and read irregularly spelled words

Aprende en línea

Palabras que quiero saber

▶ Lee cada **Tarjeta de contexto**.

▶ Usa una de las palabras en azul para contar algo que hiciste.

1 **preparados**

Estos lagartos están preparados para saltar.

2 **sitio**

En un sitio desértico también hay vida.

3 tres

Estos tres buitres se toman un descanso.

4 sobre

El sol está sobre el horizonte.

5 público

Las escenas naturales atraen al público.

6 cuatro

Las cuatro patas de este zorro son muy fuertes.

7 hoy

Hoy brotó una flor con cinco manchas rojas.

8 línea

Estos conejos están parados en línea.

La gran carrera

escrito por Pam Muñoz Ryan
ilustrado por Viviana Garofoli

Leer y comprender

☑ DESTREZA CLAVE

Conclusiones En un cuento, los autores no siempre cuentan todos los detalles. Los lectores deben usar las claves que les dan las palabras y las imágenes, y lo que ya saben. Esto les ayuda a hacer una suposición inteligente sobre lo que el autor no dice. Hacer esta suposición inteligente se llama sacar **conclusiones**. Usa una tabla como esta para enumerar las claves y tus conclusiones.

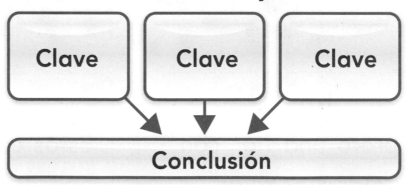

| Clave | Clave | Clave |

Conclusión

☑ ESTRATEGIA CLAVE

Inferir/Predecir Usa evidencia del texto para pensar qué puede ocurrir después.

ESTÁNDARES COMUNES

RL.1.3 describe characters, settings, and major events; **RL.1.7** use illustrations and details to describe characters, setting, or events

122

Cruzar por el paso de peatones. Esta norma te ayuda a mantenerte seguro. **Lavarse las manos.** Esta norma te ayuda a mantenerte saludable. Obedecer las normas te convierte en un buen compañero. También te convierte en un buen vecino. ¿Qué normas sigues cuando estás en la escuela? ¿Qué normas sigues en casa? ¿Qué normas sigues cuando juegas o practicas algún deporte?

Mientras lees **La gran carrera,** piensa acerca de las normas y las diferentes formas en que compiten los animales.

TEXTO PRINCIPAL

La gran carrera

escrito por Pam Muñoz Ryan
ilustrado por Viviana Garofoli

☑ DESTREZA CLAVE

Conclusiones Usa las claves y lo que ya sabes para descubrir más sobre un cuento.

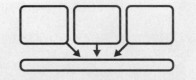

☑ GÉNERO

Una **fantasía** no podría suceder en la vida real. Mientras lees, busca:

▶ animales que hablan y actúan como personas,

▶ sucesos que no podrían ocurrir en la vida real.

ESTÁNDARES COMUNES

RL.1.3 describe characters, settings, and major events; **RL.1.7** use illustrations and details to describe characters, setting, or events; **RL.1.10** read prose and poetry

Aprende en línea

Conoce a la autora
Pam Muñoz Ryan

En California, los veranos pueden ser muy calurosos. Por esa razón, cuando era niña, Pam iba muchas veces a la biblioteca durante el verano. Esto se debe a que la biblioteca era uno de los pocos lugares cercanos a su casa que tenían aire acondicionado.

Conoce a la ilustradora
Viviana Garofoli

Viviana Garofoli vive en Argentina con su familia. Entre otros libros, ilustró **Sophie's Trophy** (El trofeo de Sofía) y **My Big Rig** (Mi gran camión).

La gran carrera

escrito por Pam Muñoz Ryan

ilustrado por Viviana Garofoli

125

Quien gane la carrera
gana el pastel

Hoy es la gran carrera.

—A mí me gusta mucho el pastel
—dijo Lagarto —. Correré en esta
carrera.

Lagarto llega a la carrera.

Correrá contra cuatro adversarios.

Conejita llega en el minuto justo.

Espera en la línea uno.

Ratita descansa en un nopal.

Correrá en la línea dos.

Culebra toma la línea tres.

Correcaminos se coloca en la cuatro.

Casi todos están preparados.

Lagarto toma la línea cinco. Los
animales ya están en su sitio.

La bandera baja y la carrera empieza. El
público los mira y los aplaude.

Conejita no llega muy lejos.

Ratita tropieza y se cae en el heno.

Culebra se para a perseguir
insectos en el camino.

Correcaminos encuentra un obstáculo. No
sabe saltar sobre el rastrillo.

¡Lagarto gana la carrera!

Lagarto admira su gran pastel.

—Miren cómo me lo como —grita.

Después, Lagarto mira a sus compañeros de carrera.

También les gusta el pastel.
¿Qué hará Lagarto?

Lagarto pone el pastel en cinco
platos. El pastel es para todos.
¡Viva, Lagarto, viva!

Ahora analiza

Leamos juntos

Cómo analizar el texto

Usa estas páginas para aprender acerca de las conclusiones y causa y efecto. Después vuelve a leer **La gran carrera**.

Conclusiones

Puedes usar las claves de **La gran carrera** para descubrir lo que no cuenta el autor. El autor no dice por qué no gana Conejita. ¿Qué información de las palabras y las ilustraciones te ayuda a hacer suposiciones inteligentes acerca del porqué? ¿Qué sabes acerca de las carreras que te haya ayudado a comprender el cuento? Usa una tabla para enumerar las claves y las conclusiones.

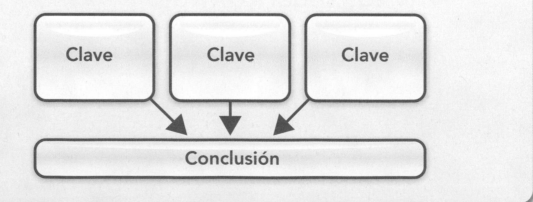

RL.1.3 describe characters, settings, and major events; **RL.1.7** use illustrations and details to describe characters, setting, or events

Causa y efecto

A veces en un cuento, un suceso causa, o hace que ocurra, otro suceso. Mientras lees, pregúntate qué ocurre y por qué.

En **La gran carrera**, ¿por qué no gana Culebra? No gana porque se para a perseguir insectos. Que Culebra se detenga es la **causa**. ¿Qué ocurre después de eso? Culebra pierde la carrera. Ese es el **efecto**.

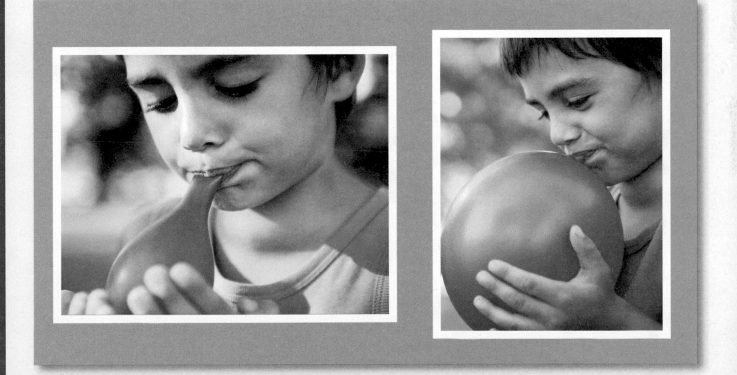

Es tu turno

REPASAR LA PREGUNTA ESENCIAL

 **Turnarse y comentar**

¿Por qué es importante establecer normas? Describe lo que le ocurre a los animales del cuento cuando no siguen las normas. Usa evidencia del texto para responder. Habla con oraciones completas.

Comentar en la clase

Conversa sobre estas preguntas con tu clase.

1. ¿Por qué gana Lagarto la carrera?

2. ¿Cómo se siente Lagarto cuando gana?

3. Lagarto comparte su pastel. ¿Esto es lo que se debe hacer? ¿Por qué o por qué no?

Respuesta Elige tu personaje favorito de **La gran carrera.** Escribe oraciones que expliquen por qué te gusta. Usa los detalles del cuento para explicar tu opinión.

Sugerencia para la escritura

Usa **porque** para explicar por qué crees que algo es cierto.

Aprende en línea

ESTÁNDARES COMUNES
RL.1.1 ask and answer questions about key details; **RL.1.7** use illustrations and details to describe characters, setting, or events; **W.1.1** write opinion pieces; **SL.1.4** describe people, places, things, and events with details/express ideas and feelings clearly; **SL.1.6** produce complete sentences when appropriate to task and situation

GÉNERO

Un **texto informativo** da datos sobre un tema. Puede formar parte de un libro de texto, un artículo o un sitio web. Mientras lees, busca datos acerca de las normas y las leyes.

ENFOQUE EN EL TEXTO

Las **etiquetas** son palabras que dan más información sobre una ilustración o fotografía. Pueden nombrar las partes de la ilustración o la ilustración entera. ¿Qué información dan las etiquetas de esta lectura?

ESTÁNDARES COMUNES

I.1.5 know and use text features to locate facts or information; **RI.1.10** read informational texts

Aprende en línea

Normas y leyes

por J. C. Cunningham

Norma de salud

Normas

¿Quién necesita normas? ¡Todos las necesitamos! Algunas normas nos ayudan a proteger nuestra seguridad y nuestra salud. Algunas normas nos ayudan a aprender. ¡Y algunas hasta nos ayudan a divertirnos!

Norma de seguridad

Norma de la escuela

¿Cuál de los niños respeta esta norma?

Levanta la mano antes de hablar.

¿Qué otras normas respetan los niños? ¿Qué pasaría si no las respetaran?

Norma del deporte

Leyes

El gobierno también tiene normas. Estas normas se llaman leyes. Las leyes nos cuidan y nos protegen. Las leyes garantizan que las personas se traten con justicia.

Los empleados deben lavarse las manos

¿Cuál de las personas ha obedecido esta ley?
Los empleados deben lavarse las manos.
¿Qué otras leyes crees que se muestran en esta ilustración?

Ley de la salud

Las leyes nos ayudan a ser buenos vecinos y buenos ciudadanos.

¿Qué leyes crees que obedecen estas personas? ¿Por qué les ayudan las leyes?

¿Quién necesita normas y leyes? ¡Todos las necesitamos!

La gran carrera

escrito por Pam Muñoz Ryan
ilustrado por Viviana Garofoli

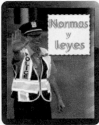

Comparar el texto

Leamos juntos

DE TEXTO A TEXTO

Comparar cuentos Piensa en las lecturas. ¿Cuál es real y cuál es inventada? Di por qué lo sabes. Túrnate con un compañero para compartir evidencia.

EL TEXTO Y TÚ

Escribir una lista Escribe una lista de las normas que deben respetar los corredores de **La gran carrera**. Explica el motivo de estas normas.

EL TEXTO Y EL MUNDO

Hacer un mapa de una carrera Imagina que vas a correr una carrera por tu vecindario. ¿En dónde empieza la carrera? ¿En dónde está la línea de la meta? Dibuja un mapa del recorrido.

Aprende en línea

ESTÁNDARES COMUNES **L.1.5** explain major differences between story books and informational books; **W.1.2** write informative/explanatory texts; **SL.1.1a** follow rules for discussions; **SL.1.1b** build on others' talk in conversations by responding to others' comments

155

Gramática

Verbos y tiempos verbales Algunos **verbos** dicen lo que sucede en el presente. Otros dicen lo que sucedió en el pasado. Los verbos en presente y pasado tienen diferentes terminaciones.

En el presente	En el pasado
Los **animales miran** la carrera ahora.	Los **animales miraron** la carrera ayer.
Ellos animan a sus amigos.	**Ellos animaron** a sus amigos.

Trabaja con un compañero. Un compañero lee una oración en voz alta. El otro debe encontrar el verbo. Juntos escriban el verbo para hablar del pasado. Túrnense.

1. Los corredores miran la bandera.

2. Ellos empiezan la carrera.

3. Algunos corredores saltan muy alto.

4. Los corredores terminan la carrera rápidamente.

5. Los ganadores ganan premios.

La gramática al escribir

Cuando revises tu escrito, asegúrate de que cada verbo diga claramente si algo sucede en el presente o sucedió en el pasado.

W.1.2 write informative/explanatory texts; **W.1.5** focus on a topic, respond to questions/suggestions from peers, and add details to strengthen writing; **W.1.7** participate in shared research and writing projects; **W.1.8** recall information from experiences or gather information from sources to answer a question

Taller de lectoescritura: **Preparación para la escritura**

Escritura informativa

Leamos juntos

mi Escritura genial

Aprende en línea

✓ **Ideas** ¡Un buen **informe** necesita datos! Antes de que empieces a escribir, halla datos para responder la pregunta que escribiste acerca de tu tema.

Lena halló información sobre lagartos. Tomó notas para acordarse de los datos.

Explorar un tema

Lista de control de preparación para la escritura

 ¿Escribí una buena pregunta acerca de mi tema?

 ¿Mis notas me ayudarán a recordar los datos?

 ¿Usé buenas fuentes de información?

Busca datos en las notas de Lena. Después escribe tus propias notas. Usa la lista de control de preparación para la escritura.

Tabla de planificación

Mi pregunta
¿Qué hacen los lagartos de verdad?

Dato 1
cambian el color

Dato 2
corren rápido con las patas de atrás

Dato 3
se hinchan para parecer grandes

Cinco grupos de animales
por James Bruchac

Los animales van de excursión

✓ **PALABRAS QUE QUIERO SABER**
Palabras de uso frecuente

huevo
vuelan
piel
necesarias
se parecen
nido
cuerpo
grupos

Librito de vocabulario

Tarjetas de contexto

Los animales

huevo
El águila vuela hacia el nido a poner un huevo.

ESTÁNDARES COMUNES **RF.1.3g** recognize and read irregularly spelled words

Aprende en línea

Palabras que quiero saber

▶ Lee cada **Tarjeta de contexto.**

▶ **Haz una pregunta en la que uses una de las palabras en azul.**

1 **huevo**

El águila vuela hacia el nido a poner un huevo.

2 **vuelan**

Los murciélagos son mamíferos que vuelan.

3 piel

La piel de estos lagartos es dura y resistente.

4 necesarias

Unas patas muy largas son necesarias para dar grandes saltos.

5 se parecen

Los ojos de este perro se parecen a los de un lobo.

6 nido

El pato prefiere hacer su nido cerca del agua.

7 cuerpo

El cuerpo multicolor de este pez es hermoso.

8 grupos

Los elefantes viven en grupos llamados manadas.

Cinco grupos de animales
por James Bruchac

Leer y comprender

☑ **DESTREZA CLAVE**

Comparar y contrastar Cuando **comparas**, dices en qué se parecen las cosas. Cuando **contrastas**, dices en qué se diferencian las cosas. Piensa en qué se parecen y en qué se diferencian las cosas para entender mejor una lectura. Puedes usar un diagrama así para **comparar** y **contrastar** dos cosas.

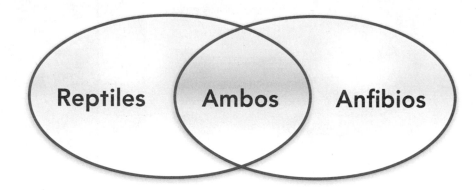

Reptiles   Ambos   Anfibios

☑ **ESTRATEGIA CLAVE**

Verificar/Aclarar Si una palabra o parte de ella no tiene sentido, puedes hacer preguntas, volver a leer el texto o usar las ilustraciones para obtener ayuda.

ESTÁNDARES COMUNES

RI.1.3 describe the connection between individuals, events, ideas, or information in a text; **RI.1.4** ask and answer questions to determine or clarify the meaning of words and phrases

162

Los animales

Todas las aves tienen alas, pero no todas pueden volar. Algunos animales tienen patas y otros no. Los peces viven en el agua toda su vida. Otros animales viven en la tierra.

Los animales se parecen y se diferencian. ¿Qué animales conoces? Leerás acerca de en qué se parecen y se diferencian los animales en **Cinco grupos de animales**.

TEXTO PRINCIPAL

Cinco grupos de animales
por James Bruchac

Conoce al autor

James Bruchac

James Bruchac es una persona con muchas aficiones. Es escritor, narrador, observador de animales y guía de deportes de aventura. Junto con su papá, Joseph Bruchac, escribió los libros **Cómo la ardilla obtuvo sus rayas** y **Turtle's Race with Beaver** (La carrera de Tortuga y Castor).

✅ **DESTREZA CLAVE**

Comparar y contrastar
Explica cómo dos cosas son iguales y diferentes.

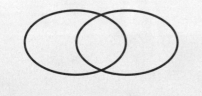

✅ **GÉNERO**

El **texto informativo** ofrece información sobre un tema. Mientras lees, busca:

▶ información y datos en las palabras,
▶ fotografías que muestran el mundo real.

ESTÁNDARES COMUNES **RI.1.3** describe the connection between individuals, events, ideas, or information in a text; **RI.1.7** use illustrations and details to describe key ideas; **RI.1.10** read informational texts

Aprende en línea

Cinco grupos de animales

escrito por James Bruchac

Peces

Reptiles

Anfibios

Vamos a estudiar cinco grupos de animales.

Aves

Mamíferos

¿En qué se parecen los animales de un mismo grupo?

Pez

aleta

ojo

boca

branquias

aletas

Los peces viven en el agua. Tienen branquias para respirar en el agua.

cola

Los peces tienen cola y aletas. Estas son necesarias para nadar.

Los peces tienen muchas formas y tamaños. ¿Ves un pez en la foto?

Reptiles

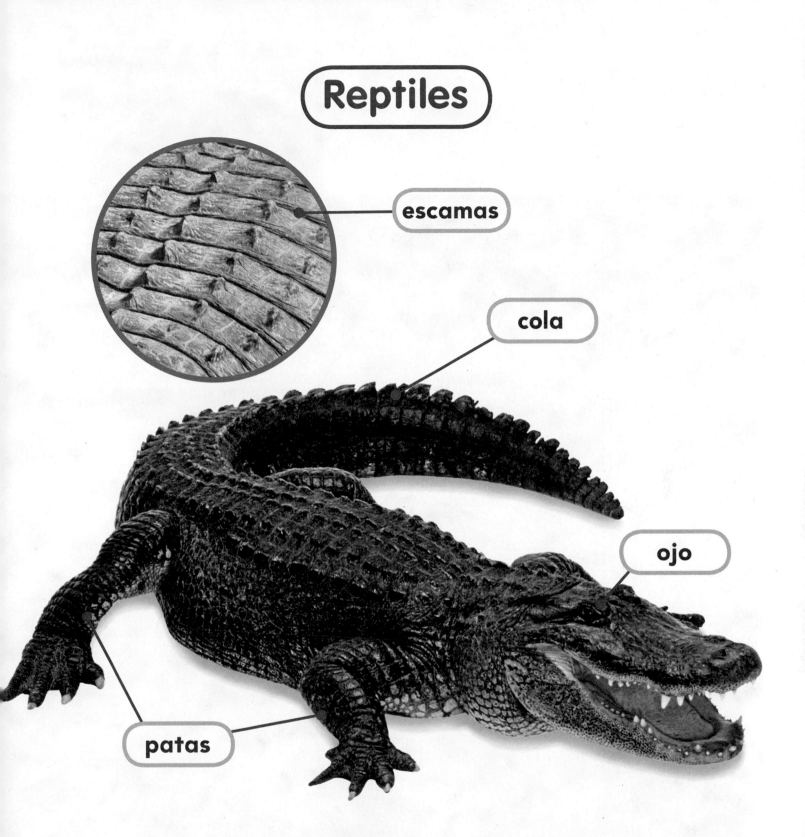

escamas

cola

ojo

patas

Los reptiles viven en la tierra. A algunos les gusta el agua. Tienen escamas en la piel.

Muchos reptiles nacen de un huevo.

Las culebras no caminan. No tienen patas, pero sí un cuerpo muy largo sobre el que se deslizan.

Anfibios

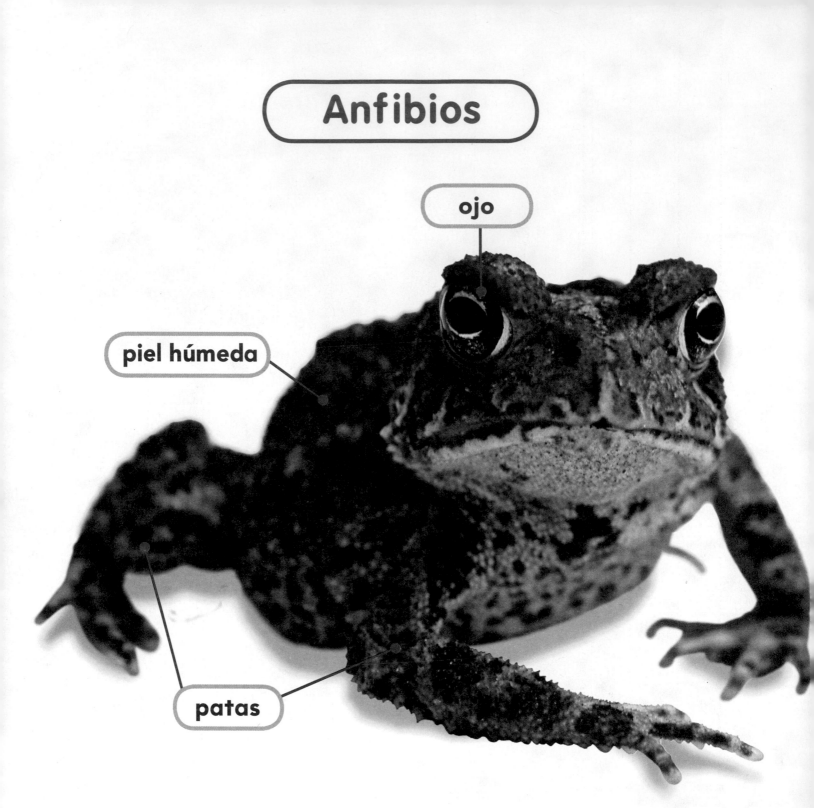

ojo

piel húmeda

patas

Los anfibios viven tanto en la tierra como en el agua. No tienen escamas y su piel es húmeda.

renacuajos

Los anfibios nacen de huevos.
El renacuajo se convertirá en rana.

Aves

ojo

pico

ala

plumas

Las aves tienen alas y plumas. ¡Tienen los ojos a los lados de la cara!

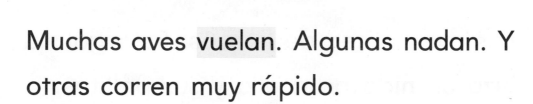

Muchas aves vuelan. Algunas nadan. Y
otras corren muy rápido.

Las aves nacen de huevos. Esta gallina
hizo un nido para ella y sus pollitos.

Mamíferos

ojo

pelo

cola

patas

Los mamíferos tienen muchas formas y tamaños. Tienen pelo en la piel.

La mamá mamífero produce
leche para su cría.

Muchos mamíferos viven en la tierra.

Pero algunos viven en el agua.

¿Sabías que tú también eres un mamífero?

Cinco grupos
de animales
por James Bruchac

Ahora analiza

Leamos
juntos

Cómo analizar el texto

Usa estas páginas para aprender acerca de comparar y contrastar, y de características del texto y de los elementos gráficos. Después vuelve a leer **Cinco grupos de animales**.

Comparar y contrastar

En **Cinco grupos de animales,** aprendiste en qué se parecen y en qué se diferencian los animales de los diferentes grupos. Piensa en los reptiles y en los anfibios. **Compara** los dos grupos para decir en qué se parecen. **Contrasta** los grupos para indicar en qué se diferencian. Usa un diagrama para comparar y contrastar los grupos.

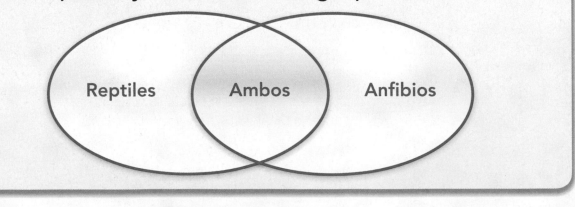

Reptiles · Ambos · Anfibios

ESTÁNDARES COMUNES

RI.1.3 describe the connection between individuals, events, ideas, or information in a text; **RI.1.5** know and use text features to locate facts or information; **RI.1.7** use illustrations and details to describe key ideas

Aprende
en línea

Características del texto y de los elementos gráficos

Los autores usan características especiales para resaltar información. Los **encabezamientos** suelen incluirse al principio de la página y te dicen qué parte estás leyendo. Las **etiquetas** son palabras que dan más información sobre los detalles de las ilustraciones.

El encabezamiento de la página 168 es **Pez**. ¿Sobre qué trata esta parte? También hay etiquetas que dan información. ¿Qué aprendes sobre el cuerpo de los peces?

 **Leamos juntos**

Es tu turno

 mi **Escritura genial**

REPASAR LA PREGUNTA ESENCIAL

 **Turnarse y comentar**

¿En qué se diferencian las aves de los mamíferos? Elige un animal de cada grupo. Usa palabras e ilustraciones de la lectura para decir en qué se parecen y en qué se diferencian los animales. Haz preguntas si no entiendes las ideas de tu compañero.

Comentar en la clase

Conversa sobre estas preguntas con tu clase.

1 ¿Qué tienen todos los mamíferos en común?

2 ¿En qué se diferencian los peces de los mamíferos?

3 ¿Cuáles son los cinco grupos de animales? ¿Qué datos nuevos aprendiste?

ESCRIBE SOBRE LO QUE LEÍSTE

Cinco grupos de animales
por James Bruchac

Respuesta Usa los datos que aprendiste de la lectura para escribir una adivinanza acerca de un animal. Escribe claves. No digas su nombre. Lee tu adivinanza a un compañero. Deja que tu compañero use las claves para adivinar la respuesta.

Tengo branquias y vivo en el agua.

Sugerencia para la escritura

Usa signos de interrogación (¿?) al principio y al final de una pregunta.

Aprende en línea

ESTÁNDARES COMUNES **RI.1.3** describe the connection between individuals, events, ideas, or information in a text; **RI.1.7** use illustrations and details to describe key ideas; **W.1.8** recall information from experiences or gather information from sources to answer a question; **SL.1.1c** ask questions to clear up confusion about topics and texts under discussion; **SL.1.3** ask and answer questions about what a speaker says

Leamos juntos

Los animales van de excursión

Los animales van de excursión

por Debbie O'Brien

✓ GÉNERO

Una **obra de teatro** es un cuento representado por personas. La mayoría de las palabras de una obra de teatro son las palabras que dicen los personajes.

✓ ENFOQUE EN EL TEXTO

Las **acotaciones** son palabras adicionales en una obra de teatro que brindan información sobre los personajes y el entorno. También indican lo que hacen los personajes. ¿Cuáles son las acotaciones de esta obra de teatro? ¿Cómo lo sabes?

ESTÁNDARES COMUNES **RL.1.10** read prose and poetry

Reparto

Zorro

Vaca

Pájaro

¡Hola, chicos! ¡Qué bueno que llegaron!

Sí, y en el camino vimos dos grupos de animales.

Venían muchas vacas que se parecen. Tienen el cuerpo y la piel como Vaca.

Aprende en línea

(señalando la canasta de Vaca)
¿Trajeron las cosas necesarias para comer?

 Sí, yo traje pasto.

 Yo traje carne, pero mejor comemos debajo del árbol. Aquí hay tierra.

 ¡Mira! En el árbol hay pájaros que vuelan y un nido con un huevo.

 (señalando la canasta de Pájaro)
¿Qué trajiste, Pájaro?

Yo no traje pasto ni carne.
Traje semillas.

 ¿Cómo vas a comer esas semillas?
No tienes dientes.

 ¡Mírenme!
(Pájaro come unas semillas.)
¡Mmmm! ¡Están deliciosas!

Comparar el texto

Leamos juntos

DE TEXTO A TEXTO

Comparar información Piensa en ambas lecturas. ¿En qué se parecen y en qué se diferencian? ¿Qué información aprendiste de cada lectura?

EL TEXTO Y TÚ

Hablar sobre animales ¿Cuál es tu grupo de animales preferido? Coméntalo con un compañero. Usen oraciones completas.

EL TEXTO Y EL MUNDO

Escribir una pregunta Escribe una pregunta sobre uno de los animales de las lecturas. Usa este libro u otros para hallar la respuesta.

Aprende en línea

ESTÁNDARES COMUNES **RI.1.1** ask and answer questions about key details; **RI.1.9** identify similarities in and differences between texts on the same topic; **W.1.8** recall information from experiences or gather information from sources to answer a question; **SL.1.6** produce complete sentences when appropriate to task and situation

Gramática

Leamos juntos

Aprende en línea

Los verbos *ser* y *estar* Los verbos **es**, **son**, **está** y **están** dicen lo que sucede ahora. Usa **es** y **está** con un sustantivo que nombre uno.

Uno	Más de uno
El **pollito es** pequeño.	Los **pollitos son** grandes.

Los verbos **era**, **eran**, **estaba** y **estaban** dicen lo que sucedió en el pasado. Usa **era** y **estaba** con un sustantivo que nombre uno.

Uno	Más de uno
El **nido estaba** vacío.	Dos **nidos estaban** vacíos.

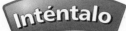
Inténtalo

Lee cada oración en voz alta dos veces, diciendo un verbo diferente cada vez. Pide a tu compañero que repita la oración con el verbo correcto. Después intercambien los papeles.

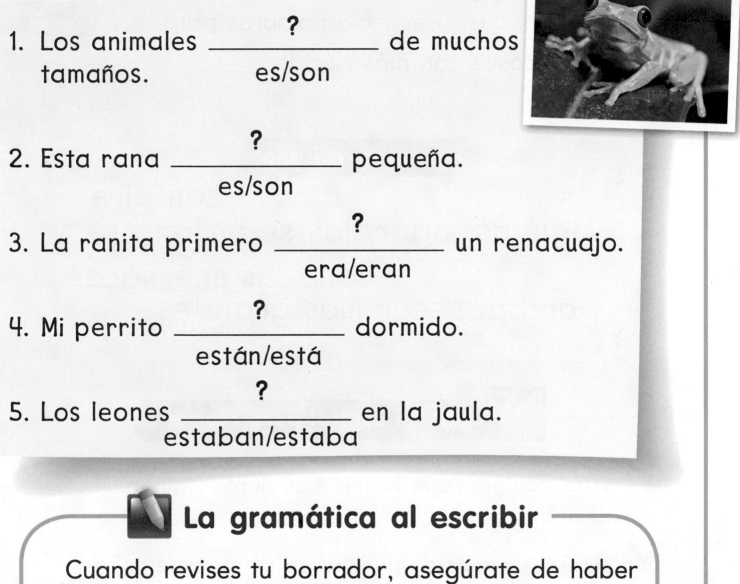

1. Los animales _____?_____ de muchos tamaños.
   es/son

2. Esta rana _____?_____ pequeña.
   es/son

3. La ranita primero _____?_____ un renacuajo.
   era/eran

4. Mi perrito _____?_____ dormido.
   están/está

5. Los leones _____?_____ en la jaula.
   estaban/estaba

La gramática al escribir

Cuando revises tu borrador, asegúrate de haber usado los verbos **es**, **son**, **está**, **están**, **era**, **eran**, **estaba** y **estaban** correctamente.

W.1.2 write informative/explanatory texts; **W.1.5** focus on a topic, respond to questions/suggestions from peers, and add details to strengthen writing; **L.1.2b** use end punctuation for sentences; **L.1.2d** use conventional spelling for words with common spelling patterns and for frequently occurring irregular words

ESTÁNDARES COMUNES

Taller de lectoescritura: Revisión

Escritura informativa

✓ **Elección de palabras** En un buen **informe,** las palabras adecuadas ayudan a comprender los hechos fácilmente. Lena hizo un borrador de su informe. Luego escribió palabras para decir las cosas con más claridad.

Borrador revisado

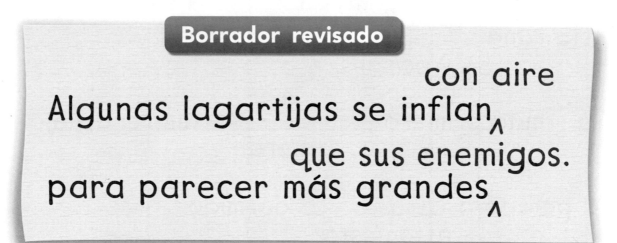

con aire
Algunas lagartijas se inflan∧
que sus enemigos.
para parecer más grandes∧

Lista de control para revisar

✓ ¿Usé palabras que hacen más claro lo que quiero decir?

✓ ¿Usé los signos de puntuación correctamente?

✓ ¿Escribí las palabras correctamente?

✓ ¿Escribí una oración final correcta?

Busca las palabras exactas en la versión final de Lena. Después revisa lo que escribiste usando la lista de control.

Versión final

Un reptil interesante

Las lagartijas hacen cosas muy curiosas. Algunas pueden cambiar de color rápidamente. Otras corren muy rápido con las patas traseras. Algunas lagartijas se inflan con aire para parecer más grandes que sus enemigos. Las lagartijas son reptiles muy interesantes.

Lee cada artículo. Mientras lees, detente y responde cada pregunta. Usa evidencia del texto.

Ranas y sapos

Las ranas y los sapos se parecen. Ambos ponen huevos en el agua. Ambos viven en el agua cuando son pequeños. Tanto las ranas como los sapos comen muchos insectos.

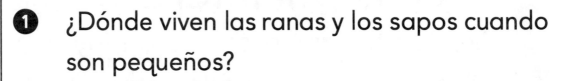

1 ¿Dónde viven las ranas y los sapos cuando son pequeños?

Las ranas y los sapos también son diferentes. Las ranas tienen la piel suave y húmeda. Viven dentro o cerca del agua. Sus patas traseras son largas. Les ayudan a saltar y a nadar.

RI.1.1 ask and answer questions about key details; **RI.1.3** describe the connection between individuals, events, ideas, or information in a text; **RI.1.4** ask and answer questions to determine or clarify the meaning of words and phrases; **RI.1.8** identify the reasons an author gives to support points; **RI.1.10** read informational texts; **L.1.4a** use sentence-level context as a clue to the meaning of a word or phrase

Los sapos tienen la piel seca y rugosa. Pasan mucho tiempo en la tierra. Sus patas traseras son pequeñas. Les ayudan a caminar.

2 ¿En qué se diferencian las ranas de los sapos?

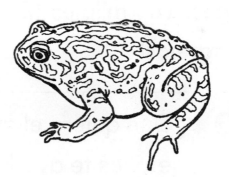

El milpiés

El milpiés es un animal muy pequeño. También se le llama insecto bola. El milpiés puede enrollarse hasta parecer una bolita. Así está a salvo de algún daño.

❸　¿Qué significa **daño** en este artículo? ¿Qué palabras te ayudan a saberlo?

Los milpiés nacen de huevos. Viven en lugares húmedos debajo de hojas, rocas o ramas.

Los milpiés no son insectos. Los insectos tienen seis patas. Los milpiés tienen más. ¡Son familia de los cangrejos!

❹　¿Qué quiere el autor que aprendas? ¿Qué detalles te ayudan a saberlo?

Palabras que quiero saber

Unidad 3   Palabras de uso frecuente

⑪ Un hogar en el océano

frío	color
donde	habitar
azul	pequeño
mar	agua

⑭ La gran carrera

preparados	público
sitio	cuatro
tres	hoy
sobre	línea

⑫ Las manchas del leopardo

sol	pintar
feliz	luego
son	tengo
claro	bailan

⑮ Cinco grupos de animales

huevo	se parecen
vuelan	nido
piel	cuerpo
necesarias	grupos

⑬ Las estaciones

todavía	llueve
bueno	izquierda
primavera	invierno
cuál	resbalar

A

adversarios

Los **adversarios** son los contrarios. Los **adversarios** no ganan la carrera.

algas

Las **algas** son plantas de color verde que viven en el mar. Muchos animales que viven en el mar se alimentan de **algas**.

anfibios

Los **anfibios** son los animales que viven en la tierra y en el agua. Las ranas son **anfibios**.

B

ballenas

Las **ballenas** viven en el mar. Son los mamíferos más grandes de todos y se alimentan de otros animales más pequeños que ellas. Si vamos en un barco, podemos ver **ballenas** tan grandes como nuestro barco.

C

cebra

Una **cebra** es un animal parecido a un
caballo con rayas negras y blancas.
La **cebra** corre muy rápido.

correcaminos

Un **correcaminos** es un pájaro que corre mucho.
El **correcaminos** vive en el desierto.

cría

Cría se usa para describir a un animal bebé. La **cría** va
detrás de la mamá.

culebra

Una **culebra** es un animal largo y delgado que se arrastra.
Esa **culebra** me da miedo.

E

escuela

La **escuela** es donde vamos a aprender. Yo voy a la **escuela** secundaria.

estudiar

Estudiar es lo que hacemos para aprender. Vamos a la escuela a **estudiar**.

G

gran

Gran se usa para decir que algo es grande. Mi abuelo tiene un **gran** bigote.

guantes

Los **guantes** los usamos en las manos para protegernos. Mis **guantes** son de lana.

H

hiena

Una **hiena** es un animal que vive en la selva y come las sobras de lo que cazan los otros. La **hiena** tiene una risa fea.

hojas

Las **hojas** son la parte verde de los árboles. Las **hojas** se caen en otoño.

I

inmenso

Algo **inmenso** es algo que es muy grande. El océano es **inmenso**.

J

jirafa

Una **jirafa** es un animal con un cuello
muy largo y con manchas.
La **jirafa** es muy alta.

L

leopardo

Un **leopardo** es un animal salvaje que tiene manchas y
corre muy rápido. El **leopardo** caza por la noche.

M

manatíes

Los **manatíes** viven en las costas de América y África. Estos animales se alimentan solo de plantas. Los **manatíes** son grandes, lentos y gordos.

manchas

Las **manchas** son partes oscuras en la piel de las personas o los animales. Mi perrito tiene **manchas** negras.

N

nutrias de mar

Las **nutrias de mar** son unos mamíferos que viven en el mar. Se sumergen en el agua para cazar peces, ¡y pueden aguantar la respiración hasta cinco minutos!

O

obstáculo

Un **obstáculo** es algo que está en el camino y no deja seguir. Ese árbol caído es un **obstáculo** en el camino.

océano

Un **océano** es una gran cantidad de agua que separa las tierras. Es como un mar, pero de mayor tamaño. En la Tierra solo hay cinco **océanos.**

P

paraguas

Un **paraguas** se usa para no mojarse con la lluvia. Tú llevas tu **paraguas** en el otoño.

pies

Los **pies** son el extremo de las piernas, o patas en el caso de los animales. Sirven para sostener el cuerpo y caminar. Los pingüinos colocan a sus bebés sobre los **pies** para darles calor.

pingüinos

Los **pingüinos** son pájaros que viven en el polo sur. Los **pingüinos** no pueden volar.

plumas

Las plumas son lo que cubre el cuerpo de los pájaros. Las plumas del loro son verdes.

pradera

Una **pradera** es un campo grande. Los leones toman una siesta en medio de la **pradera.**

R

rayas

Las **rayas** son manchas alargadas. Ese pijama tiene **rayas**.

renacuajo

Un **renacuajo** es un animal que cuando crece se convierte en rana. El **renacuajo** nada en el estanque.

reptiles

Los **reptiles** son los animales que se arrastran por el suelo. Las lagartijas son **reptiles**.

T

tibia

Si una cosa está **tibia** significa que está templada, ni fría ni caliente. Es mejor que tomes el agua **tibia**, si está muy fría te puede sentar mal.

tortuga

Una **tortuga** es un animal que tiene caparazón y camina lentamente. Hay un tipo de **tortuga** que vive en el mar.

tropieza

Tropieza se usa para decir que alguien encuentra un obstáculo y pierde el equilibrio. El gato se **tropieza** con la alfombra.

V

vacaciones

Las **vacaciones** son cuando no tenemos que ir a la escuela. En **vacaciones** mi familia sale de paseo.

Credits

Photo Credits

3 (cl) ©Photodisc/Getty Images; 3 (tl) ©Houghton Mifflin Harcourt; 3 (b) ©Melba Photo Agency/Alamy Images; 5 (tl) ©J.A. Kraulis/Masterfile; 5 (bl) ©2007 Jupiterimages; 5 (br) ©2007 PunchStock; 6 (bl) © Steve Skjold / Alamy; 7 (tl) ©Bela Baliko Photography and Publishing Inc; 7 (bl) ©blickwinkel/McPhoto / Alamy; Blind [9] ©Design Pics Inc./David Ponton/Alamy Images; 10 (tr) ©Photodisc/Getty Images; 10 (br) ©Corbis; 10 (cl) ©Photodisc/Getty Images; 10 (tl) ©Houghton Mifflin Harcourt; 11 (tr) ©Corbis; 11 (tl) ©Amanda Friedman/Stone/Getty Images; 11 (cl) ©George Grall/National Geographic/Getty Images; 11 (cr) ©Stockbyte/Getty Images; 11 (bl) ©George Grall/National Geographic/Getty Images; 11 (br) ©Purestock/Getty Images; 12 © WaterFrame / Alamy; 14 ©Getty Images; 14 Courtesy of Rozanne Williams; 16 ©Brand X Pictures/Getty Images; 17 (c) Digital Vision/Getty Images; 18 David B Fleetham/Getty Images; 19 (tr) blickwinkel / Alamy; 20 (t) Science Source / Photo Researchers, Inc.; 20 Corbis; 21 (tr) Corbis; 22 Douglas Faulkner/Getty Images; 23 (tr) WaterFrame / Alamy; 24 Digital Vision/Getty Images; 25 (tr) M. Timothy O'Keefe / Alamy; 26 Mark Conlin / Alamy; 27 (tr) Mark Conlin / Alamy; 28 ©Houghton Mifflin Harcourt; 29 (tr) ©Melba Photo Agency/Alamy Images; 30 ©Houghton Mifflin Harcourt; 31 ©Photodisc/Alamy Images; 32 (tr) © Jake Hellbach / Alamy; 33 (c) Jose Luis Pelaez/Getty Images; 33 (tr) ©Houghton Mifflin Harcourt; 34 (inset) ©Lew Robertson/Getty Images; 34 (tl) ©Photodisc/Getty Images; 36 (bg) ©Photodisc/Getty Images; 36 ©Photodisc/Getty Images; 37 (cr) Photos.com/Jupiterimages/Getty Images; 37 (tr) ©Joel Simon/Digital Vision/Getty Images; 37 (tl) ©Houghton Mifflin Harcourt; 37 (tl) ©Photodisc/Getty Images; 42 (tl) © PhotoDisc/Getty Images; 42 (b) ©Alan D. Carey/Photodisc/Getty Images; 43 (tl) ©Design Pics Inc./Alamy; 43 (tr) ©Roger Tidman/CORBIS&#x0B;; 43 (bl) ©Gallo Images/Alamy; 43 (cl) ©Ann & Steve Toon/Robert Harding World Imagery/Getty Images; 43 (bl) ©Rainer Jahns/Alamy; 43 (br) ©Tom Nebbia/Corbis; 44 Steve Bloom Images / Alamy; 45 (bg) L12: © Getty Images/Digital Vision; 65 ©stefanie van der vin/Fotolia; 67 Photodisc/Getty Images; 70 (bg) ©Tony Craddock/Photo Researchers, Inc.; 71 (cr) © Picture Partners / Alamy; 71 (br) ©Digital Vision/Getty Images; 73 ©Richard Hutchings/Photo Edit; 76 (t) ©Andrew Duke/Alamy; 76 (tl) ©J.A. Kraulis/Masterfile; 77 (tr) ©Jean Louis Bellurget/Stock Image/Jupiterimages; 77 (cl) ©Pete Turner/The Image Bank/Getty Images; 77 (bl) ©Ryan McVay/Taxi/Getty Images; 77 (bl) ©VEER Gildo Spadoni/Photonica/Getty Images; 77 (bl) ©Steve Mason/PhotoDisc/Getty Images; 78 ©HMH; 78 (tl) ©J.A. Kraulis/Masterfile; 80 ©J.A. Kraulis/Masterfile; 82 ©2007 Masterfile Corporation; 84 ©Bill Leaman/Dembinsky Photo; 85 ©Richard Hutchings/Photo Edit; 86 ©2007 Jupiterimages; 88 ©Masterfile; 89 ©2007 Masterfile Corporation; 90 ©2007 Masterfile Corporation; 92 (bg) ©Garry Black/Masterile; 93 (c) ©2007 PunchStock; 94 ©Tim Pannell/Corbis; 96 (c) ©George McCarthy/naturepl.com; 97 ©2007 PunchStock; 97 (t) ©BrandX; 98 (t) ©2007 PunchStock; 98 (bl) ©Richard Hutchings/Photo Edit; 99 (b) ©2007 PunchStock; 100 (tl) ©J.A. Kraulis/Masterfile; 101 ©Richard Hutchings/Photo Edit; 103 (tl) ©J.A. Kraulis/Masterfile; 103 (c) © willy matheisl/Alamy; 115 (br) © Cartesia/Photodisc/Getty Images; 115 (tl) ©J.A. Kraulis/Masterfile; 115 (cr) ©Jerzyworks/Masterfile; 120 (tc) © Steve Skjold / Alamy; 120 (t) ©ARCO/H Reinhard; 120 (b) © John Foxx/Stockbyte/Getty Images; 121 (tl) ©Danita Delimont/Alamy Images; 121 (tr) ©Photos.com; 121 (cl) ©Photos.com; 121 (cr) ©Jonathan Blair/Crocodile Fotos; 121 (bl) ©QT LUONG/Terra Galleria Photography; 121 (br) ©franzfoto.com/Alamy; 122 ©Alistair Berg/Getty Images; 145 (l) © PhotoAlto / Alamy; 145 (r) © PhotoAlto / Alamy; 148 (r) Big Cheese Photo LLC / Alamy; 148 (tl) © Steve Skjold / Alamy; 149 (tl) Steve Skjold / Alamy; 149 (r) Jose Luis Pelaez/Getty Images; 149 (b) Patrick LaCroix / Alamy; 150 Arctic-Images / Alamy; 151 (b) Jim West / Alamy; 151 (t) Ron Chapple Stock / Alamy; 152 (t) Superstudio/Getty Images; 152 (bg) imagebroker / Alamy; 153 (t) © Visions of America, LLC / Alamy; 153 (b) Fancy / Alamy; 154 © Steve Skjold / Alamy; 155 (tc) © Steve Skjold / Alamy; 157 (c) ©Patrik Giardino/CORBIS; 160 (b) © BRIAN ELLIOTT / Alamy; 160 (t) ©Alan and Sandy Carey/Photodisc/Getty Images; 160 (tl) ©Bela Baliko Photography and Publishing Inc; 161 (tr) ©John W Banagan/Getty Images; 161 (cr) ©Raymond Gehman/National Geographic/Getty Images; 161 (br) ©Gerry Ellis/Getty Images; 161 (bl) ©Georgette Douwma/Photographer's Choice RR/Getty Images;